VOIX MAGIQUES : BA[illegible], CORBIÈRE, CROS, HUGO, RIMBAUD, MALLARMÉ, PAR JULES LAFORGUE. INTRODUCTION PAR DANIEL GROJNOWSKI.

A FONTFROIDE, BIBLIOTHÈQUE ARTISTIQUE & LITTÉRAIRE, L'AN MCMXCII.

INTRODUCTION

PAR

DANIEL GROJNOWSKI

«L'enfant voit tout en nouveauté», disait Baudelaire. Et d'évoquer les souvenirs d'un de ses amis qui regardait son père en train de faire sa toilette : il percevait les muscles des bras, les dégradations de couleurs de la peau, le réseau des veines. Dès les premières pages consacrées au «peintre de la vie moderne», est mis en exergue un type de vision qui traduit un idéal de création : représenter les choses *comme si* elles étaient perçues par un être nouvellement né au monde, ignorant les modèles et les traditions, les conventions, les codes — toutes les procédures que l'usage transforme en une seconde nature. Parler une langue à laquelle n'adhère pas le «déjà-dit» : ce mythe de l'innocence retrouvée fait de l'artiste un avatar du sauvage qui déchiffre pour la première fois les feuillets d'un livre inédit. L'œuvre d'art procède alors d'une activité adamique.

Un siècle durant, la «modernité» ne cessera de disposer des stratagèmes qui renouvellent l'utopie de cette relation inaugurale. Toutes les techniques sont bonnes qui permettent d'atteindre à une expression dont on puisse dire — comme l'avait fait Félix Fénéon commentant (pour la première fois) les *Illuminations* — qu'elle se situe «hors de toute littérature». Les pratiques dites «post-modernes» rompent avec ce protocole et cessent de dénoncer ce que Jean Dubuffet appelle encore l'*Asphyxiante culture*.

Dès qu'il abandonne *Le Sanglot de la Terre*, son projet adolescent de poèmes philosophiques, Laforgue se met en quête d'une écriture émancipée. Il se réfère alors à l'autorité de P. Bourget. Dans les années 1880, celui-ci apparaît comme le maître à penser de la nouvelle génération. Il a fréquenté les Vilains Bonshommes et les Hydropathes, publié *Edel* qui met en forme de récit poétique les préoccupations des jeunes artistes. Critique écouté, il publie dans la *Nouvelle Revue* ses «essais de psychologie contemporaine», où il théorise la relation entre une période dite de «décadence» et son expression littéraire : «Un style de décadence est celui où l'unité du livre se décompose pour laisser la place à l'indépendance de la page, où la page se décompose pour laisser la place à l'indépendance de la phrase, et la phrase pour laisser la place à l'indépendance du mot».

Devenue célèbre, la formule est souvent interprétée dans le sens d'une dégénérescence. En cette «fin de siècle» cette notion essaime et on l'applique volontiers aux domaines les plus divers en expliquant le déclin de l'espèce par la consommation excessive d'alcool ou par la stagnation démographique. Or, pour P. Bourget, il s'agit de rendre compte d'un phénomène propre au langage : «la décomposition presque barbare de l'adjectif et du substantif», qu'il perçoit dans une description de J.-K. Huysmans, caractérise également la prose des frères Goncourt «qui se décompose en mille petits effets de détail, en mille singularités de syntaxe et de vocabulaire». Dans les recherches de l'écriture artiste comme dans celles des peintres impressionnistes, il discerne une transformation des modes d'expression, qui affecte aussi bien la conception de l'œuvre que les éléments de la phrase.

Les interrogations de Laforgue portent d'emblée sur une activité qui cesse d'aller de soi : *écrire*, mais qu'est-ce que la langue, et comment se détermine la poésie dont les principes se modifient sans cesse ? Au regard d'un Baudelaire, elle apparaissait comme le mode d'expression suprême qui rassemble tous les autres : peinture, musique, art arabesque, philosophie railleuse, esprit d'analyse, mentionne-t-il en vrac dans son étude sur Théodore de Banville. Et à propos de Théophile Gautier : «Manier savamment une langue, c'est pratiquer une espèce de sorcellerie évocatoire». Une trentaine d'années plus tard, les certitudes s'effritent. C'est le moment où *La Vogue* interroge d'illustres contemporains (dont Mallarmé, J.-K. Huysmans) sur une «définition» de la poésie, et reçoit entre autres réponses, de la part de J. Moréas, douze points d'interrogation. Durant quelques décennies, les revues littéraires entreprendront périodiquement la même enquête, avec d'autant plus d'inquiétude qu'un genre littéraire majeur voit son audience se réduire en peau de chagrin : «le poète est en grève devant la société», dira publiquement Mallarmé, qui se plaît à inverser les rôles.

En ses considérations sur la poésie, Laforgue exprime le désarroi de celui qui est amené à percevoir comme contradictoires carrière et vocation, et qui n'envisage pas sans effroi le splendide isolement auquel se condamne celui qui ambitionne de faire œuvre d'art. La quête de soi qu'on peut suivre, parfois pas à pas, dans sa correspondance, se déroule selon un dédale de lectures : longues heures passées dans les bibliothèques, flânes chez les bouquinistes des quais ou des galeries du Théâtre de l'Odéon. Il lit ce qui paraît ici ou là, chez Lemerre, dans les revues — ce dont on parle : *Les Fleurs du mal, Le Coffret de santal*, V. Hugo qui se perpétue à titre posthume avec *La Fin de Satan* — mais aussi le dernier recueil de Charles Grandmougin ou *Le Chemin du rire* de Paul Marrot. Car la poésie s'écrit au présent, dans la méconnaissance des jugements que portera la postérité. Sully Prudhomme, Jean Richepin, Rollinat, font figure de poètes remarquables. Dans l'attente d'une rencontre qui le révélera à lui-même, le jeune homme reste à l'affût.

Les poèmes de Laforgue, comme ses écrits intimes, relatent ses errances dans la ville. Il y recueille couplets et refrains venus de toutes parts, des fêtes foraines, des pensionnats de jeunes filles. Il se situe au carrefour des cultures, s'intéresse aux œuvres rares imprimées sur papier jonquille mais aussi aux scies de caf' conc', aux complaintes qu'accompagne l'orgue de Barbarie. Érigeant en principe de rédaction l'empirisme et la compilation, il met en place une esthétique du kaléidoscope qui enregistre les tohu-bohu de la vie :

Mon cœur est un lexique où cent littératures
Se lardent sans répit de divines ratures

Complainte de mon Sacré-Cœur

Quelques initiateurs le guident en ses lectures. Outre P. Bourget — plus disposé à consacrer les valeurs qu'à en découvrir — P. Verlaine ou J.-K. Huysmans le conduisent en des sentes buissonnières. Les «Poètes maudits» auraient dû être appelés, selon leur divulgateur, des Poètes Absolus. Tristan Corbière, Arthur Rimbaud, Stéphane Mallarmé sont alors des auteurs rares, et d'abord au sens premier du terme : difficiles d'accès parce que publiés à petits nombres (en 1887, *Les Poésies* de Mallarmé comptent quarante exemplaires autographiés par la Revue Indépendante). De son côté *A rebours* met en vedettes quelques poètes en proie à la rage de l'expression. A propos des *Amours jaunes* : «l'auteur parlait nègre» ; des *Poèmes saturniens* : «un volume presque débile ; ou comme des feuillets de Mallarmé parus dans les premiers volumes du *Parnasse contemporain* : «une langue adhésive, solitaire et secrète, pleine de rétractions de phrases, de tournures elliptiques, d'audacieux tropes».

Cependant, Laforgue ne s'en tient pas à des pétitions

de principe. Amateur de poésie, il est d'abord un praticien. C'est par l'étude des techniques qu'il compte arracher aux textes leurs secrets. *Les Fleurs du mal* le fascinent par leurs effractions. Baudelaire est l'homme qui ose dire. Il use de ces comparaisons que Laforgue qualifie d'«américaines» parce qu'elles rompent les frontières de l'usage. «La nuit s'épaississait ainsi... qu'une cloison !» : les points de suspension et l'exclamation marquent l'admiration du jeune homme devant le déferlement que suscite la formule. Les cloisons n'épaississent pas et les ténèbres ne sont pas assimilables à l'élément d'un édifice. Mais l'expression communique l'angoisse croissante de la claustrophobie.

Les fiches de lectures enregistrent avec minutie les différents champs sémantiques de Baudelaire, les modes de caractérisation, l'audace des métaphores. A propos de la femme : coco, musc, havane, opium — amazone inhumaine, belle ténébreuse — caravane de désirs, citerne des yeux. Ces notes mettent au jour les rôles qu'emprunte l'auteur des *Fleurs du mal.* Il est tour à tour prédicateur, dandy, damné — et encore : chat, hindou, épiscopal alchimiste. Serrer l'écriture au plus près, c'est entendre une voix telle qu'elle s'incarne en chaque développement. Il s'agit de distinguer ses inflexions pour rendre compte d'une relation de corps à corps. Les deux vers suivants ne doivent être prononcés ni sur le ton de la confidence ni sur celui de l'éloquence mais de manière détachée, avec le flegme du yankee :

Le Plaisir vaporeux fuira vers l'horizon
Ainsi qu'une sylphide au fond de la coulisse

La métaphore file le registre poétique (vaporeux, horizon, sylphide) dont le lecteur pressent l'achèvement : le retour aux trivialités de la scène (coulisse) trompe son attente dans un effet de chute. Par une appropriation fictive du ton juste, Laforgue simule la profération.

Alors que Mallarmé aspire — pour que soit réalisée l'œuvre pure — à «la disparition élocutoire du poète», Laforgue se laisse fasciner par la présence physique de l'interprète. Car le geste et la voix modèlent le poème qu'il faut concevoir non pas comme une parole figée en éternité, mais bien au contraire dévolue aux prestiges de la circonstance. La fréquentation des Hydropathes au Quartier Latin a joué sur ce point un rôle décisif. Le premier essai de critique littéraire de Laforgue, alors qu'il vient de quitter les bancs du collège, rend hommage au «Hareng-saur» de Ch. Cros «qu'il faut entendre dire par Coquelin cadet». Les rengaines et les parodies du *Coffret de santal* sont également préférées à des pièces plus intimistes : s'y laisse entendre un diseur de bonnes aventures, ainsi que les réactions et les rires d'un public complice.

Tristan Corbière est par excellence celui qui emporte le verbe poétique dans les inflexions d'une voix. Il chante ou bonimente, ponctue chacune de ses paroles, papillote sans cesse. Le long des pages, il multiplie les tirets, les points d'exclamation, de suspension, les parenthèses, les virgules, tous les signes dont s'étoilent ses cris écrits : «la moitié de son vers est dans l'intonation, le geste et les grimaces du diseur». Laforgue y discerne l'essentiel qui ne relève ni des thèmes ni des formes mais d'une marque à laquelle s'ajuste chaque lecteur, pour qui elle dessine une présence. Par la voix se manifeste une poésie d'en deçà des mots, surgie des entrailles du langage. Quand il cherche à rendre compte de ces voix magiques qui le captivent, Laforgue emprunte au lexique animal ou enfantin : «miaulements» de Baudelaire, «jappements» de Corbière, «vagissements» de Verlaine.

Dans un poème des *Fleurs de Bonne Volonté*, il rêve de se rendre au Far-West pour s'y faire scalper le cerveau et devenir «une vierge antilope, /Sans littérature (...), citoyen du hasard» («Albums», XIX). Lui aussi aspire à parler une langue d'Africaine géniale, à considérer le

Monde au moment de sa création avec les yeux d'un Gaspard Hauser. Cette régression appelle une Poétique qui rende compte du sujet parlant tel que sa pratique le lui suggère : non seulement interprète de rôles dissemblables mais aussi personnage en qui se résorbe la notion de personne. La *Philosophie de l'Inconscient* de Hartmann (et tout particulièrement le chapitre consacré à la «production artistique») le convainc que le poète véritable parvient à laisser sourdre en lui — par la médiation de la Volonté, de l'Un-Tout, dits encore Inconscient — une parole «en soi inconnue» de lui-même. Il doit pour la capter s'exercer à l'abandon, apprendre à désapprendre. Du coup, il dispose d'un clavier apte à jouer des mélodies dont il ignore les partitions. Dans le poème afflue une parole étrangère, caractérisée non par les afféteries stylistiques (qu'on a pris l'habitude d'appliquer à la mode décadente) mais par la désorganisation des formules apprises.

En ses divers recueils, Laforgue a successivement été tenté par le discours philosophique, les petites pièces de fantaisie précisément taillées, les mélodies développées en d'inextricables symphonies, les rêveries «sans sujet appréciable» ou encore les rengaines populaires. En dépit de ces tergiversations, il n'a cessé d'adopter de manière toujours plus concertée une posture d'attente. Prêt à jouer du tremplin de mots, à exploiter les hasards de la plume, à solliciter ce qui advient, soucieux d'inscrire rime et déraison dans l'«en allé» de ses strophes. Le compte rendu de ses propres *Complaintes*, qu'il publie deux ans après leur rédaction, évoque une langue enfilant «au petit bonheur des consonances imprévues et sans syntaxe, les images les plus criardes et les mots les plus exotiques qui se puissent glaner dans le troisième dessous du *Dictionnaire* de Littré». La glane des bribes éparses procède d'une discipline qui provoque la trouvaille.

La critique qu'il prononce envers la facture trop raisonnée de Mallarmé, peut faire apparaître aujourd'hui comme prémonitoires des principes que divulguera le surréalisme une quarantaine d'années plus tard : «une divagation d'images comme dans le rêve et l'extase inconsciente». Encore faut-il préciser que Laforgue en reste à des expérimentations qui excluent toute doctrine. Chez lui, la quête de soi ne se fige pas en dogme. Il eut cette chance *historique* d'avoir recherché la merveille sans jamais croire l'avoir trouvée.

Note sur cette édition

Nous avons réuni dans ce volume l'ensemble des écrits de Jules Laforgue sur les poètes de son temps, à l'exception d'un long article inachevé sur Paul Bourget, que nous avions fait paraître dans la *Revue d'Histoire littéraire de la France* en juillet-août 1972. Les uns (les comptes rendus du *Coffret de santal* et celui des *Complaintes*) ont été publiés du vivant de Laforgue. Les autres, cinq esquisses d'importance inégale, sur Baudelaire, Corbière, Mallarmé, Rimbaud et *La Fin de Satan*, sont constitués de notes de lectures où Laforgue accumule les citations, amorce les développements en vue d'études à rédiger.

Pour ce qui concerne les essais sur Baudelaire et Corbière, nous nous sommes autorisé à corriger les erreurs de transcription des poèmes cités. Nous avons supprimé les références aux éditions que mentionne Laforgue (la troisième édition des *Fleurs du mal* et l'édition originale des *Amours jaunes*). Le moment venu, nous nous réservons d'indiquer, dans le cadre d'une publication «savante», les pages correspondantes des éditions qui peuvent être consultées aujourd'hui.

VOIX MAGIQUES

PAR

JULES LAFORGUE

CHARLES CROS
LE COFFRET DE SANTAL

L'Académie française vient de décerner le prix Juglar à M. Ch. Cros pour son volume de poésies, le *Coffret de Santal.*

Quand on est l'auteur de

Joujou, pipi, caca, dodo,
Do, ré, mi, fa, sol, la, si, do

et qu'à seize ans on a professé l'hébreu et le sanscrit ; quand on a fait le *Hareng-Saur* et qu'on a trouvé la solution de la photographie des couleurs, on constitue une physionomie assez étrange. Le volume de M. Cros est aussi étrange que son auteur. Celui-ci est, avant tout, un original, un fantaisiste, bien qu'en lisant certaines pièces on puisse dire de lui, avec Brid'oison, *il est fils de quelqu'un*. Le volume s'ouvre par les *Chansons perpétuelles*, que termine un remarquable poème, le *Fleuve*, signalé par M. C. Doucet, dans son rapport à l'Académie. Puis vient un recueil de vingt sonnets. M. Cros n'est pas un lyrique, c'est un fleuriste, un orfèvre du vers. Il note à la pipée une fantaisie, une nuance piquante, un rien, et les moule dans une pièce où le travail de ciselure est le principal. Plusieurs sont d'une remarquable délicatesse, comme la *Ballade du dernier amour* et *L'Orgue*, dans le goût allemand.

Repassez les robes blanches.
Hou ! Hou !
Le vent souffle dans les branches.

Puis le *Hareng-Saur*, qu'il faut entendre dire par Coquelin cadet. Il n'y a rien là-dedans, et l'on éclate de rire. Viennent ensuite quelques pièces en argot et les *Grains de sel*, recueil de dizains. Tous en restant original, l'auteur a peut-être songé, pour cette partie, aux dizains qui, sous le titre de *Promenades et intérieurs*, terminent les *Humbles*, de F. Coppée. Chez Coppée, les dizains sont des tableautins complets, étonnants d'observation. Un trait piquant est quelquefois enchâssé dans le dernier vers, comme dans le *Jardin des Plantes* :

On regarde devant ces naïfs tourlourous,
Tendant la trompe avec ses airs de gros espiègle,
L'éléphant, engloutir les nombreux pains de seigle.

Ou, comme dans *l'Invalide* qui, au Champ-de-Mars,

Conte au jeune soldat, et lui rend saisissable
La bataille d'Isly qu'il trace sur le sable.

Dans les dizains de Cros, la plaisanterie s'épanouit inévitablement au dernier vers. Il nous montre l'allumeur de réverbères qui, après sa tournée, va manger sa soupe, éclairé par une chandelle à six.

Sans se douter, aucune ignorance n'est vile,
Qu'il a diamanté, simple, la grande ville.

La cuisinière épluche ses légumes, le pays vient ; un gros baiser, et leur amour

S'abrite à la vapeur du pot, chaud crépuscule ;
Et je n'ai pas trouvé cela si ridicule.

Ce dernier vers est, comme on sait, une parodie de la fameuse idylle de F. Coppée. Le volume se termine par quelques fantaisies en prose dans le genre de celles du romantique Aloysius Bertrand. Ce sont des strophes amenuisées avec un amour d'artiste, débordantes de sensations, tant la phrase est concise, chaque terme bien senti et l'épithète juste ; il y a même parfois éblouissement, comme dans le style de Goncourt. Bref, le *Coffret de Santal* mérite d'être lu ; mais ne m'en croyez pas sur parole.

L'auteur a disséminé encore dans plusieurs volumes des *monologues* en vogue dans les salons de Paris, et qui seront probablement réunis en un volume.

JULES LAFORGUE
LES COMPLAINTES

On se souvient qu'en pleine ferveur du cénacle parnassien, deux sceptiques anonymes lancèrent, sous le titre de *Parnassiculet*, une élégante plaquette de vers dont chaque pièce était un pastiche réussi de la manière d'un des coryphées de cette école dite des Impassibles. La chose fit un beau tapage dans un certain monde, il y eut même un duel ou pourparlers de duel entre l'un des auteurs et M. Catulle Mendès. L'excentrique cénacle d'alors est aujourd'hui *arrivé* : Sully Prud'homme et Coppée sont de l'Académie, Leconte de Lisle va y succéder à Hugo, Paul Bourget vient d'être décoré, les autres suivent, et le *Parnassiculet* est recherché comme une curiosité par les bibliophiles.

Il y aura toujours une jeunesse littéraire de la rive gauche, il y a donc encore un cénacle. C'est le cénacle tout court, sans étiquette, au contraire de son aîné parnassien, mais ayant ses journaux, ses revues même, ses manifestes, son éditeur, son sanctuaire et ses superstitions intolérantes. Baudelaire est son dieu et prophète, avec l'art subtil et le morbide sensualisme de ses *Fleurs du Mal*, comme Théophile Gautier, l'impeccable ciseleur d'*Emaux et Camées*, fut le dieu et prophète des Parnassiens.

Or, il faut croire que le nouveau cénacle atteint à son tour le paroxysme de la crise qu'il traverse, car il vient d'avoir aussi son *Parnassiculet*. La presse du dernier mois s'en est occupée avec un intérêt assez particulier, et les *Déliquescences*[1] ont dû être réimprimées. Les *Déliquescences*, c'est-à-dire de la décadence au dernier degré de la décomposition, de la décadence qui coule, sont datées significativement non de Paris, mais de Byzance, et l'on y trouve d'assez heureuses caricatures de l'idéal et des procédés qui passionnent les alentours de l'Odéon. Cet idéal et ces procédés se résument aisément en ceci : mysticisme, alexandrisme, schopenhauerianisme et impressionnisme, tout cela servi dans une langue enfilant au petit bonheur des consonances imprévues et sans syntaxe, les images les plus criardes et les mots les plus exotiques qui se puissent glaner dans le troisième dessous du *Dictionnaire* de Littré. M. Jules Laforgue, qui renchérit sur le schopenhauerianisme, trop bourgeois, en s'adonnant à la philosophie de l'Inconscient de Hartmann, d'un mysticisme plus large et plus profond et d'un pessimisme moins vulgaire, a imaginé de reprendre pour traduire ses conceptions poétiques cette vieille forme populaire de la complainte à la métrique naïve, aux refrains touchants, qui correspond en musique à son congénère l'orgue de Barbarie. Hâtons-nous d'ajouter que l'orgue de Barbarie des complaintes que voici n'a de populaire que le tour rythmique et quelquefois de vieux refrains empruntés, et demeure un instrument très raffiné capable de subtiles nuances psychologiques comme des derniers effets dans le métier du vers.

En ne voyant dans tout ceci qu'affaire de curiosité, de chinoiserie littéraire même, si l'on veut avoir d'un coup une idée de la nouvelle école poétique avec ses extravagances et ses maquillages juvéniles, comme avec ses richesses de génération littéraire de demain, il faut lire (c'est déchiffrer que nous dirions pour certaines pièces) ces cinquante complaintes. L'auteur y chante un peu de tout, depuis l'éternel féminin jusqu'à la mort, en passant par les nostalgies et les spleens obligés. La langue, condensée à l'excès, jette le plus souvent de la poudre aux yeux et de la plus saugrenue, mais rencontre parfois çà et là la formule nette et vive de l'observation contemporaine. Le métier du vers, qui est certes ce que le cénacle a produit de plus caractéristique, en bon comme en pire, est un pêle-mêle de rythmes et de rimes inédits où nombre de strophes profondes et personnelles sont à retenir. Le tout fait une œuvre d'une originalité un peu mêlée, mais des plus curieuses comme produit d'un certain moment et d'un certain milieu.

Ajoutons que l'*humour* qui circule dans ce volume nous induirait volontiers à croire que l'auteur n'y est pas toujours dupe du sérieux de ses tours de force et de ses jongleries, et s'amuse simplement à jeter ses gourmes. Cela et les originales qualités de langue et d'observation dont il fait preuve dans ses bonnes pages nous sont un sûr garant que lorsque la nouvelle école prendra sa place au soleil, après son aînée parnassienne, M. Jules Laforgue y aura contribué par de nouvelles poésies d'une tenue moins décadente et d'un idéal plus sérieusement moderne.

BAUDELAIRE

[1]

hypocondrie sensuelle tournant au martyre

les consolations de l'alcool — (songer aux russes, à Marmeladoff) joie de s'abîmer, de se gâter, de se salir, et la volupté de l'oubli des soucis. Excitant et repos à l'ouvrage[1] — une exploitation littéraire comme le jeûne (Swift) chez d'autres.

«Beau, élégant, correct (Poe, l'homme) comme le génie»

le *cant* de la poésie, de la manière de Baudelaire (l'expliquer) le charme du suranné

un errant distingué de la race de Poe et de Gérard de Nerval

«le martyrologe de la littérature» Poe sa vie, ses œuvres.

l'idéal (l'aube entre en compagnie (orgie) de l'idéal rongeur) a worm that would not die.

— affolés par les révélations décourageantes et diaboliques de la médecine moderne ; ne voyant que névrose et finissant par y sombrer, menés à la vision de la folie quand ils aiment, ou se saccagent le cerveau sous la lampe.

faire planer au-dessus de toutes ces pauvretés le Christ russe.

pour bien le comprendre songez un instant au pôle opposé, à l'enfant malade et christ — point créole — mais ayant vraiment sondé la pensée philosophique humaine — obéissant à ses crises, pas de pose, pas maître de lui-même — Heine.

[2]

Baudelaire

après Alfred de Vigny chaste et fataliste, Hugo apothéotique, bucolique et galantin, Gautier païen, Musset mondain et collégien déclamatoire, Balzac inquisiteur mais
George Sand
Gavarni vignettiste
Lamartine raphaélesque
Il a montré la femme sphinx malgré elle, déshabillable, sujet à cuisantes expériences du chercheur d'idéal, chair de sérail, meurtrissable «ignorante (...) et toujours ravie»

Usent insolemment d'un pouvoir emprunté,
Sans connaître jamais la loi de leur beauté.

«reine des péchés»

vil animal ou du moins avilissable —
— «qui a de la salive»

— V. Ce qu'avait déjà donné Joseph Delorme et les deux Deschamps, et Amédée Pommier[2].

Le premier il se raconta sur un mode modéré de confessionnal et ne prit pas l'air inspiré

les maisons dont la brume allonge la hauteur
le brouillard sale et jaune
le faubourg secoué par les lourds tombereaux
le premier parla de Paris en damné quotidien de la capitale
les becs de gaz que tourmente le vent, la Prostitution qui s'allume dans les rues, les restaurants et leurs soupiraux les hôpitaux, le jeu, le bois qu'on scie en bûches qui retentissent sur le pavé des cours, et le coin du feu, et les chats, des lits, des bas, des ivrognes et des parfums de fabrication moderne,
mais cela de façon noble, lointaine, supérieure
— ses disciples ont étalé Paris comme des provinciaux ahuris d'un tour de boulevard et lassés de la tyrannie de leur brasserie.

[3]

américanisme
Dans la danse macabre g^de^ allure funèbre
et alors ce vers

Dans un trou du plafond la trompette de l'Ange

et

— Cependant tout en haut de l'univers juché,
Un ange sonne la victoire

qui ne détonne pas — allégorie de carton.

Je hais la passion et l'esprit me fait mal !

c.-à-d. l'éloquence, l'air inspiré.

— Le premier qui ne soit pas triomphant mais s'accuse, montre ses plaies, sa paresse, son inutilité ennuyée au milieu de ce siècle travailleur et dévoué.

— Le premier qui ait apporté dans notre littérature l'ennui dans la volupté et son décor bizarre l'alcôve triste
— Et s'y complaise.

— le Fard et son extension aux ciels, aux couchants
— le Spleen et la maladie (non la Phtisie poétique mais la névrose) sans en avoir écrit une seule fois le mot
— Et la damnation ici-bas.

— la tristesse / misère du corps humain

Et toutes les hideurs de la fécondité

poète — Enfant

Connais-tu comme moi, la douleur savoureuse,
Et de toi fais tu dire : « Oh ! l'homme singulier ! »

Comme ils sont oisifs et enfants ils ont le temps d'avoir peur de la mort, et s'effarent à tous ses rappels, vents des nuits d'automne, crépuscule, sifflets des express

ils aiment à être plaints, consolés et sont tristes de tout et de rien.
la vie leur passe comme Un enfant curieux et grave qui feuillette de belles images enluminées et s'y fait des amis, des traîtres, et de belles dames sans espoir, et les console s'enthousiasme pour des hochets puis les brise, pleure pour qu'on lui donne la lune dans un seau — et boude dès qu'on la lui offre[3].

[4]

bourgeois pharisaïques et bureaucrates sots, avares, bavards, *sentimentaux*

médiocrité de l'or

la spiritualité anglaise presque norwégienne. Baudelaire est déjà un esthète oriental

l'idée du *sacerdotal* drapant son fantasque, son inconstance — la *Grâce*

Et puis «un peu de charlatanerie est toujours permis au génie et même ne lui messied pas» (B — préface au *Corbeau*)
l'artificiel, l'ironie, le paradoxe, l'excentrique, la volupté d'étonner, de déconcerter — qu'on devine déjà — la douceur trop insistante de ses regards.

Par aristocratie et dégoût de la foule qui n'acclame que les poètes éloquents et soi-disant inspirés, il affirme le travail, la patience, le calcul, la charlatanerie

— l'originalité coquettement, savamment voulue, travaillée — selfsame

mystique et lucide.
saveur esthétique

la Dalilah — *l'Éternel féminin*

le dégoût de la Démocratie et des Franklinades (E. Poe dans *Monos et Una*)
race des d'Aurevilly, etc.
Un de Maistre créole et bohème et infiniment artiste — l'homme est né pervers damné, la Civilisation c'est le mal, mais la fleur en est enivrante, la femme est Dalilah, etc., spleen et attente de la mort.
On sait que les pièces antichrétiennes ou athées sont un jeu à l'adresse des «gobe-mouches» qui se disent matérialistes, les Voltairiens du siècle.

les angoisses métaphy. ne sont pas pour le toucher
l'épiderme de son âme est d'un autre tissu.
en se canonisant — il lui suffit de pécher, de se dire martyre, de flirter avec Satan, de maudire la chair et d'élever l'encensoir de son rêve vers le grand harmoniste préexistant d'un Séraphitus ou d'un Eureka — sorte de panthéisme-papiste
l'Idéal personnifié et personnel

aigri par le manque de gloire et d'argent pour vivre selon ses rêves.

la Mort, ce n'est que ça ? — Caïn et Abel — que cherchent-ils au ciel ces aveugles — sont les pièces de Baudelaire qui sonnent le plus creux

Ni grand cœur, ni grand esprit — mais quels nerfs plaintifs, quelles narines ouvertes à tout, quelle voix magique.

[5]

Il a le premier trouvé après toutes les hardiesses du romantisme ces comparaisons crues, qui soudain dans l'harmonie d'une période mettent en passant le pied dans le plat — (non le charme d'une quinte) — comparaisons palpables, trop premier plan, en un mot américaines semble-t-il — palissandre, toc déconcertant et ravigotant

La nuit s'épaississait ainsi... qu'une cloison !

(chercher d'autres ex. ils foisonnent)

Un romantique oublié avait dit : ses yeux sont deux corbeaux — Baudelaire a des litanies où il détaille les formes de sa reine des adorées.

ta peau miroite, ta démarche — un serpent au bout d'un bâton, ta chevelure un océan, ta tête se balance avec la mollesse d'un jeune éléphant, ton corps se penche comme un fin vaisseau qui plonge ses vergues dans l'eau, ta salive remonte à tes dents comme un flot grossi par la fonte des glaciers grondants — C'est l'américanisme appliqué aux comparaisons du *Cantique des Cantiques.*

son cou une tour d'ivoire, ses dents des brebis suspendues au flanc de l'Hébron.

Que les soleils sont beaux dans les chaudes soirées !

Il peut être cynique, fou, etc. Jamais il n'a un pli canaille, un faux pli aux expressions dont il se vêt. — il est toujours courtois avec le laid. Il se tient bien

cabalistique, Albert le Grand, Faust, la pose du savoir, des bouquins, du bénédictin, des in-folios occultes, comme un moine et comme les femmes métaphysiqueuses de Poe.

concetti à la femme : charmant poignard ! — O Lune de ma vie ! Étoile de mes yeux.

Sa muse s'appelle Ligeia ou
Elle habite les vastes corridors de la maison Usher

aimé ne daigne, compris si possible, respecté il l'exige et considéré comme une exception.

allure large et harmonieuse, semée çà et là de petites crispations, minutieux accès colériques, bizarres et sans raison — comme de menues oasis — comme des déviations de tendresses subtiles et raisonneuses et inexpliquées d'ivrogne.

Quel est le répertoire des subtilités de Baudelaire —
besoin d'immortalité aux amours décomposées —
Nous avons dit souvent d'impérissables choses —

Cet épigraphe : Any where out of the world.

«le kiosque» de B. (Ste Beuve), le «frisson nouveau»[4],

la nouvelle sauce aux sentiments

Le bizarre toujours lumineux mais sans charge, juste dans le domaine du charme, le self-vertige, le vertige juste jusqu'au malaise, tournant alors en rancœur, dégoût alcool. — il a trouvé le miaulement, le miaulement nocturne, singulier, langoureux, désespéré, exaspéré, infiniment solitaire — dans ses élévations, ces syllabes envolées, extatiques, ce que les compositeurs appellent sous-harmoniques — la strophe sonne plaintif — il a trouvé le plaintif attirant et doucement surnaturel, vertige plaintif et impondérable (harmonie du soir) — le lyrisme plaintif — ses successeurs travaillent dans l'endolori — l'orage de sa jeunesse et les soleils marins de ses souvenirs ont dans les brumes des quais de la Seine détendu les cordes de sa viole byzantine incurablement plaintive et affligée. — hétéroclite jamais jusqu'au trivial. il a dramatisé et enrichi l'alcôve.
jamais il ne se bat les flancs, jamais il n'insiste, ne charge.
il dit «son beau corps nu»[5] — une fois — dans une pièce où ce coin de photo, est noyé étouffé dans le reste — mais c'est bien rare à lui !

[7]

la femme
«animal obéissant et câlin»
«courtisane imparfaite»
«aimable bête» comme le chat

amazone inhumaine
«soleil de ma nature», soleil blanc,
minéral.
sa belle ténébreuse

Tes yeux, illuminés ainsi que des boutiques
Ou des ifs flamboyant, dans les fêtes publiques

yeux, soupiraux de ton âme

Usent insolemment d'un éclat emprunté,
Sans connaître jamais la loi de leur beauté

Toute sa philo. féminine est là — Sois charmante et tais-toi, tu ne peux pas savoir, tu es la damnation du juste

«salutaire instrument», «ô reine des péchés», la Nature se sert de toi pour pétrir un génie.

forte comme un troupeau de démons

folle et *parée* toi qui as été envoyée par la Providence
de mon esprit humilié faire ton lit et ton domaine
V. les Baud. inédits (*Revue internat.*)[6]

[8]

Son portrait :

Ce long regard sournois, langoureux et moqueur
ce souris fin et voluptueux
Où la Fatuité promène son extase.

Ses yeux polis sont faits de minéraux charmants,
(...)
Où l'ange inviolé se mêle au sphinx antique

Un maniaque de terminologie (Diable, Ange, Enfer, etc.)

les *fleurs du mal* ne sont ni noires, ni verdâtres, ni plombées mais *lilas*

le coco, le musc, le goudron, l'encens, le vin du souvenir, urnes de tristesse, encensoir, vase de tristesse, havane, opium, élixir des bouches, caravane de désirs, citerne des yeux, oasis des chevelures,
les vertus, les charmes, deviennent des bijoux, des breloques, ou des pièces de vêtement.

[9]

bijoux.

De tes bijoux (à la Beauté) *l'Horreur n'est pas le moins charmant*
Et le Meurtre, parmi tes plus chères breloques
Ses yeux polis sont faits de minéraux charmants

«Miroiter la peau»

polaire
l'agathe
dents, ongles
le trésor des (...) caresses

les concetti de vieux galantin, d'un régence macabre,
les coquetteries ratées, les mouches assassines,

créole — une jeunesse en proie à l'amour vagissant

Le premier poète qui ait fait église — chapelle
un seul volume — une note — dogme et liturgie
décor — et comme conséquence dévotion des fidèles
et hors d'ici point de salut

[10]

Et parfois en été, quand les soleils malsains

Que les soleils marins *teignaient de mille feux*

Deviner si son cœur couve une sombre flamme
Aux humides brouillards qui nagent dans ses yeux

Tu répands des parfums comme un soir orageux

Un soleil sans chaleur

(Delacroix) *Ciel chagrin*
en un soir chaud d'automne

caveau pluvieux
île paresseuse — grottes basaltiques — rameurs

Infinis bercements du loisir embaumé

la stérilité comparée comme un bijou à un astre inutile

La froide cruauté de ce soleil de glace

[11]

par anti-démocratie, haine du bourgeois imbécile, américain, voltairien et bruyant et industriel vénal, il est spiritualiste, onctueux, prélat parfumé, rusé, jésuite impie, satanique, succube, douillet, créole, automnal

lubricités correctes
sournois chat pontife, Borgia
correct, concis, de là énigmatique, plis droits, et le sens de l'acier, du stérile, de l'idole
des verroteries miroirs
stérile — *Et toutes les hideurs de la fécondité !*
(de *l'anglais*) puritain, humouriste froid, du métal, du froid.

myrrhe
péché — martyrisé
opium nard, encens exotique de sa jeunesse

un *Ange*. les desseins éternels. l'Esprit.

l'invocation. Soyez béni mon Dieu.
(lire entre les lignes les volumes de prose de Baudelaire)

le clandestin des vices de l'amour
pour lui l'ambre, le musc, le benjoin et l'encens sont
de ces parfums *corrompus, riches et triomphants, (...)*
Qui chantent les transports de l'esprit et des sens.

béatification du Poète sanctifié par ses douleurs, son calvaire de la femme et de l'amour, les huées des bourgeois piteux et des tribunaux.

Mais ces inventions de nos muses tardives...

«ciel chagrin»

Pur esprit ; essence (extrait) ; immortalité,

(Phares) le souris du Vinci. Sirène
On peut donner aux fleurs du mal comme épigraphe ses 4 vers sur Rembrandt,

triste hôpital tout rempli de murmures,
Et d'un grand crucifix décoré seulement
Où la prière en pleurs s'exhale des ordures,
Et d'un rayon d'hiver traversé brusquement

En effet jamais ses soleils ne sont francs, ils sont mouillés, plaintifs, blancs, etc. ! Et l'automne est sa saison. (le *soleil*, la *nuit*, la lutte de la lumière et de l'ombre : Rembrandt, Delacroix, la cathédrale gothique l'hôpital. *l'influence de Poe*) et celle de *Gavarni* et ses chloroses, son troupeau gazouillant femmes «adorablement minces», le jupon.

taciturne, avarié, oxydé,

Glorifiait la mort avec simplicité

le vide de l'existence — le Temps mange la vie — l'écheveau du Temps. —

un peu d'alchimiste, le cloître, le sens des bijoux (byzantinisme)
père de l'Église, l'amour des in-folios reliés en fer,

Consumeront leurs jours en d'austères études,

des fioles équivoques, des joyaux obscurs, enfumés,

Là, tout n'est qu'ordre et beauté

tambour voilé.

de temps en temps, de faux airs ronflants à la florentine (contagion de Gautier)

[12]

Son style — l'alexandrin à rimes plates, qui est bien la période du prédicateur. — le préjugé du sonnet à cause du contemporainage de Gautier — la source de ses images est le sens du *symbolique* — l'allure solennelle, le vers qui *enchasuble* en ses plis lamés de mots cassants en *té*, la pensée subtile comme un parfum, ou bien joue le flacon de cristal taillé à facettes — miroirs

ou bien le vers houleux ondule, roulis, se pavane, qui roule (ce mouvement qu'il aimait chez la femme balançant sa jupe, voir...) le vers se développe avec indifférence — le serpent au bout d'un bâton — le jeune éléphant qui va cassant des bambous — on appareille à toutes voiles.

le goût des épiphonèmes, des amen, des sermons
la geometrica ratione
vers chuchotés
étiolé
il aime le mot charmant appliqué aux choses équivoques
le mot plaintif
les pantoums.
Contribution au culte de Baudelaire

[13]

Baudelaire

le premier il a rompu avec le public — Les poètes s'adressaient au public — répertoire humain — lui le premier s'est dit :
la poésie sera chose d'initiés.
Je suis damné pour le public — Bon — Le Public n'entre pas ici.
Et d'abord pour éloigner le bourgeois, se cuirasser d'un peu de fumisme extérieur.
titres : Réversibilité, etc.

gammes d'images pour érudits des sens. ex —
«correspondances» de cauchemars.
s'envelopper d'allégories d'extra-lucide.

Et d'abord se poser comme méprisé et conspué de lui (par la voix des journaux qu'il enrichit) et de sa femme
comme un lépreux
les Gaspard Hauser
tel les élus de souffrance du moyen âge qui *voyaient* et que la foule brûlait comme sorciers.

aimer une Vénus noire — ou la Parisienne très fardée
abuser de parfums introuvables pour le lecteur —
Parler de l'opium comme si on en faisait son ordinaire
se décrire un intérieur peuplé de succubes.

faire des poésies détachées — courtes — *sans sujet appréciable* (comme les autres, lesquels faisaient un sonnet pour raconter quelque chose poétiquement, plaider un point, etc.) mais vagues et sans raison comme un battement d'éventail, éphémères et équivoques comme un maquillage, qui font dire au bourgeois qui vient de lire «Et après ?»

Voilà la plaie — On souffre on a la folie de la croix, on s'acharne après sa chair — et d'autre part là-haut la beauté quand même qui nous prend en pitié, nous créature éphémère et tourmentée, avec ses grandes lignes, la Beauté c.-à-d. ce qui Ne Change pas, c.-à-d. l'Éternité. le Silence.

la Beauté C'est le Silence éternel — Tout notre tapage de passions, de discussions, d'orages, d'art, c'est pour par le bruit nous faire croire que *Silence n'existe pas.* Mais quand nous retombons las, nous l'écoutons restagner de partout et nous sommes plus tristes — O impuissance et Remords.
pas assez forts pour un tapage / une passion éternel ou pour nous faire au Silence éternel.
Nous sommes *chrétiens* et nous avons là-bas des souvenirs helléniques Vénus et la mer aux matins, souvenirs idéalisants.

Je voudrais...
Et que ton sang chrétien coulât à flots rythmiques

Cercle vicieux :
jusqu'à ce qu'épuisés le Silence (la mort) / temps, l'infini (Éternité, Espace) nous passe par dessus — comme l'océan se referme sur un bouillonnement de navire sombré, — ou les siècles sur une épopée comme celle de Napoléon, — ou l'espace sur une planète morte

[14]

théorie du damné — du *Saturnien* (v. Verlaine)

ce livre saturnien
Orgiaque et mélancolique

Tous ceux qu'il veut aimer l'observent avec crainte,
Ou bien, s'enhardissant de sa tranquillité,
Cherchent à qui saura lui tirer une plainte,
Et font sur lui l'essai de leur férocité.

4 abîmes de psychologie en 4 vers.

Lis-moi, pour apprendre à m'aimer ;

Ame curieuse qui souffres
Et va cherchant ton paradis,
Plains-moi !... Sinon, je te maudis !

— Mon Dieu soyez béni[7] *qui donnez la souffrance*
Comme un divin remède à nos impuretés

Se martyriser pour expier ses débauches — se débaucher comme martyre et aliment à remords, et pour se maintenir en état de crucifixion — cercle vicieux, enfer.

(être singulier quand même et damné)

Ne suis-je pas un faux accord
Dans la divine symphonie

Et les vagues terreurs de ces affreuses nuits
Qui compriment le cœur comme un papier qu'on froisse

Et discutant avec mon âme déjà lasse

N'ouvrant à chacun qu'avec crainte,
Déchiffrant le malheur partout,
Te convulsant quand l'heure tinte,
Tu n'auras pas senti l'étreinte
De l'irrésistible Dégoût —

le premier
des comparaisons énormes

Et dormir dans l'oubli comme un requin dans l'onde
— Je suis un cimetière abhorré de la lune
un vieux boudoir
Ses yeux polis sont faits de minéraux charmants
ta peau miroite *comme une étoile vacillante*
Ta tête d'enfant
Se balance avec la mollesse
D'un jeune éléphant
Ta gorge triomphante est une belle armoire
Vous êtes un beau ciel d'automne, clair et rose
Comme moi n'es-tu pas un soleil automnal

— ces allégories énormes (plus fortes et autres que les bibliques «ses dents sont comme des chèvres suspendues à la colline»)

— cela n'est pas de tradition Cantique des Cantiques ni française ni latine (ô Racine ! les lisant). C'est de l'importation anglo-américaine.

le premier je crois a employé la particule superlative très avec laquelle on est arrivé à de si grands effets et qui eût fait bondir un Lamartine (Hugo ne l'a lui-même guère employée qu'en charge)

il n'a jamais cette vulgarité de la plupart des poètes français : jouer sur le pittoresque, sauf une fois faisant un sonnet pour cette fin

Le Ciel ! couvercle noir de la grande marmite
Où bout l'imperceptible et vaste Humanité

(on dirait de l'Ignotus)[8]

[15]

Baudelaire

Vois-tu les amoureux, sur leurs grabats prospères

— le poète
passer sa vie à ne voir que *le poétique* de la vie — il ne raisonne pas. Il est un enfant en éveil, étonné, naïf — s'amusant d'un insecte, des organes de la femme, comme un enfant.
Besoin de tâter, même à 40 ans.
Il ne s'instruit pas — Il butine au hasard en abeille bohème et dort — rêve — devine — s'emballe —
Crédule il vit tête baissée

Baudelaire

donner la physionomie privée du milieu littéraire de son temps.

Confessions de Houssaye — Banville — Maxime du Camp — Champfleury.

Cette noblesse immuable qui anoblit les vulgarités
intéressantes, captivantes — cette façon de dire — et
cela sans périphrase prude, poncive
cette familiarité de martyr entre les plus grands qui
peut lui faire dire

Les persiennes, abri des secrètes luxures

et une page plus loin :

Andromaque, je pense à vous !

et ajouter «*veuve d'Hector, Hélas !*» si humainement
— cet Hélas ! n'est ni poncif racinien ni une cheville
mais d'une subtilité touchante et grande

Et, brillant aux carreaux, le bric-à-brac confus

ce confus est d'un maître
et près d'Andromaque ce vers

à l'heure…

où la voirie

Pousse un sombre ouragan dans l'air silencieux

— et puis *les cocotiers absents de la superbe Afrique*
tous ses élèves ont glissé dans le paroxysme, dans l'horrible plat, comme des carabins d'estaminets

[16]

Baudelaire

Il voit tout en allégorie, de damnation pour l'humanité

Paris change, mais rien dans ma mélancolie

N'a bougé ! palais neufs, échafaudages, blocs,
Vieux faubourgs, tout pour moi devient allégorie,
Et mes chers souvenirs sont plus lourds que des rocs

Prenons *L'année terrible* où le poète a saigné de ce chagrin dont Michelet eut le cœur tué.
Il y a un Prologue à la Vérité. Il faut dire la vérité. Arrière les caresses. Rien que la vérité brutale — et tombe ce vers qui tient toute une évocation d'obsédante bizarrerie

Ce n'est pas d'encensoirs que le sphinx est camus[9]

Au milieu de ces 30 vers où passent Ezéchiel, Moïse, Dante, l'ouragan, à propos de rien il se rappelle que les sphinx sont camus. Cette face grimaçante lui apparaît — l'obsède comme un enfant. Et alors les locutions casser un encensoir sur le nez — etc.
Un poète. Un éternel grand enfant, triste du cirque et des ritournelles des bals, — amoureux de la gloire et de la couronne d'épines pour lui et pour ceux qu'il aime — être intéressant ! — toujours pubère bien qu'ayant surmené ses sens de bonne heure

Dans le suaire des nuages
Je découvre un cadavre cher,
Et sur les célestes rivages
Je bâtis de grands sarcophages.

Il voit venir et s'en aller chaque saison avec une allégresse et une tristesse de jeune fille
Il veut se rendre intéressant devant ses contemporains — comme un enfant devant les grandes personnes. Il ne vit que de ça et pour ça — qu'il vive d'excès ou de

calme plat, — de langueur anémique et mystique — ou de bestialité, tout cela selon l'époque.
Ils flânent, puis par boutades suent la fièvre sur une confidence qu'ils dentellent en lignes inégales dont chaque mot est une capsule à roses
Il vit en dandy — Il prend son temps et le spectacle de travail de ses contemporains par le côté dandy, — Il s'amuse d'oripeaux. Un Hugo au fond avec son énorme cerveau ne vivait que pour cette seule volupté des rimes drôles. Il les collectionnait et en émaillait ses épopées et ses cosmogonies

> œdème et Enésidème
> abstrus et Patrus
> qui et Tiraboschi
> cycles et besicles
> Mesmer et même air[10]

Et faire alterner des rimes ! chinoiseries — Et compter des syllabes

[17]

Baudelaire

Ce grain de poésie unique où fermente toujours (même quand les mots parlent d'autre chose) la nostalgie des quais froids de la Seine aux rives vicieuses et mal aux cheveux pour la jeunesse passée aux Indes.
— ça lui a fait trouver une gamme d'images qui n'est ni l'image renforcée de Hugo ni l'image déliquescente

d'indistinct des décadents : quelque chose d'inimitable, de sentimental

des souvenirs de soleils

en robes surannées

Et je ferai de ta paupière
Pour abreuver mon Sahara
Jaillir les eaux de la Souffrance

toujours ce sadisme des larmes, la manie de se dire damné catholiquement de par son génie, malgré l'air de flûte (simplement) : «J'aime le souvenir de ces époques nues» — et le sonnet «Je laisse à Gavarni poète des chloroses»

Hugo

De Dante à Loriquet de la bouche au sphincter[11]

Religions et religion — Quel sujet ! quel entassement ! Mais tout disparaît et il est heureux de sa journée quand il a fini sa partie IV par ces vers — hors-d'œuvre — charmants — adressé au théologien

Et charme les rapins qui le sac sur le dos
Et les guêtres aux pieds vont barbouillant des croûtes
Dans les pays en juin, quand les arbres des routes
S'agitent et se font mille signes de loin,
Joyeux d'avoir peigné les charrettes de foin[12]

[18]

Baudelaire

chat, hindou, yankee, épiscopal alchimiste

chat sa façon de dire «ma chère» dans ce morceau solennel qui s'ouvre par *«Sois sage, ô ma Douleur»*

Yankee ses «très-» devant un adjectif
ses paysages cassants — et ce vers

Mon esprit, tu te meus avec agilité

que les initiés détaillent d'une voix métallique.

— *Emblèmes nets*

haine de l'éloquence et des confidences poétiques.

Le Plaisir vaporeux fuira vers l'horizon
Ainsi que...

Quoi ? Avant lui Hugo, Gautier, etc., aurait fait une comparaison française, oratoire — lui la fait yankee sans parti-pris, tout en restant aérien

Ainsi qu'une sylphide au fond de la coulisse

On voit les fils de fer et les trucs.
Il reste aérien et noble — et ne détonne pas dans le contexte si pur de tenue — en disant

Les tuyaux, les clochers, ces mâts de la cité

(toute cette pièce est si calme noble !) plus loin le mot «pupitre»

Hindou — il l'a cette poésie plus que Leconte de Lisle avec toute son érudition et ses poèmes bourrés et aveuglants

Des jardins, des jets d'eau pleurant dans les albâtres,
Des baisers, des oiseaux chantant soir et matin

Il connaît son Paris.
là s'étalait jadis une ménagerie

Dans les plis sinueux des vieilles capitales
Où tout, même l'horreur, tourne aux enchantements

le fracas roulant des omnibus
Frascati et Tivoli
il a feuilleté les planches d'anatomie traînant sur les quais poudreux

et les *quinquets*

O moine fainéant ! quand saurai-je donc faire
Du spectacle vivant de ma triste misère
Le travail de mes mains et l'amour de mes yeux ?

l'ange a toujours chez lui une silhouette d'huissier :

Gagnent le suffrage des Anges

Un Ange furieux...
(Car je suis ton bon Ange, entends-tu ?)

Pauvre Baudelaire !
mort — quelle existence
comparée aux autres
Jeunes filles ! vous ne saurez jamais

— le Spleen — la sensation du Temps, le vide de l'homme de lettres que son époque dégoûte et qui est né d'ailleurs paresseux et royal.

[19 bis]

«Il y a dans l'histoire littéraire de vraies damnations, des hommes qui portent le mot guignon écrit en caractères mystérieux dans les plis sinueux de leur front. L'ange aveugle de l'expiation s'est emparé d'eux et les fouette à tour de bras pour l'édification des autres. En vain leur vie montre-t-elle des talents, des vertus, de la grâce ; la Société a pour eux un anathème spécial et accuse en eux les infirmités que sa persécution leur a données». B.[13]

à ajouter un saint nouveau — Baudelaire — à ce martyrologe. (L'Histoire de l'Éditeur est le martyrologe des gens de lettres)

l'opinion publique, la Bêtise au front de taureau à qui chanter des *te deum*, l'idole de Jaggernaut de la Zoocratie, dans lequel il est élu, *self-same*, impeccable, beau. (v. Banville).

[20]

Bohème de l'océan — chantant le matelot breton libre et méprisant les terriens. — picaresque et falot — (a pris ce prénom Tristan : chevalier errant de la *Triste* figure)

— les Amours Jaunes. sur papier jaune gras (bon à eaux-fortes lumineuses) il fait de l'eau-forte, il la gribouille et la fait tirer en rouillé et il se fit tirer 9 ex. sur jonquille, souvenir sans doute des genêts des landes natales.

— il ne parle qu'une fois de l'Ennui — jamais du spleen.

cassant, concis, cinglant le vers à la cravache — Sa préface porte en titre *Ça* noyé en une page blanche. — mais jamais d'ordures, d'obscénités voyantes de commis. — strident comme le cri des mouettes et comme elles jamais las.

l'eau forte[1], un profil de satyre libidineux et falot, maigre, qui a bien roulé, inculte, trempé par l'averse du large qu'il regarde en face, attaché les mains au dos à un mât, près d'une borne, son feutre à terre

— vécu, mâché son cigare, dans le vent, les hamacs aux rafales, la mer sans routes.

— à chaque sortie il avertit : vous savez ! me prenez pas au sérieux, tout ça c'est fait de chic, je pose. Je vais même vous expliquer comment ça se fabrique.

Les strophes — tout simplement celle des *Orientales*.

Qu'est-ce qu'un poète intéressant ?
«léger peigneur de comètes».
«méchant ferreur de cigales»
vivre avec son imagination.

le vent des côtes de Bretagne lui a fait trouver et aimer le verbe *plangorer*.

habité Montmartre — fréquenté les crémeries — et les bals de boulev. extérieur — fait de la peinture — dormi sur les divans dans l'atelier de quelque artiste — discuté Galimard, Courbet et Manet.

[21]

Deux parties.

Une où *il raconte en vers* sans armatures, ni volutes, qui se désagrégeraient sans le coup de fouet incessant de l'expression mordante et la poigne d'ensemble. — Sans esthétique — Tout, et surtout du Corbière — mais pas de la poésie et pas du vers, à peine de la littérature.

L'autre *plus intime*, tout subjectif, replié sur soi ou à Paris ou sur l'eau et très-self aussi comme métier sans que ce métier soit riche — non un art mais une manière — Une tenue très-chic non une esthétique profonde.

Quant à l'éternel féminin qu'il appelle «l'éternel Madame», ma dame ce joli mot des cours d'amour du moyen-âge

la femme qui fait des manières :

En serez-vous un peu moins nue,
Les habits bas ?

il a connu la fille des congés à Paris — les exportations sous toutes les latitudes accablées

Don Juan misogyne de courte haleine — le mépris d'artiste irrassasié de l'école Baudelaire «eunuque et recors» qui par dépit la cravache

sensuel — il ne montre jamais la chair — miracle il n'y a pas un sein, une gorge — une[2] — dans ses vers — Encore moins des ventres et des cuisses — Il n'indique que le coup de hanche, le tour de main, l'air de tête — ombrelle, éventail

un léger priapisme de barrière
la femme de Montmartre qui n'a qu'un art la toilette et qui ne la pousse que dans un sens, souligner son esthétique de pantin à la mode éphémère, pantin incassable comme les buscs de son corset.

il écrit Mary[3] avec un *y*

d'antithèse inattendue jusque dans les dates —
Bohème de chic daté de Jérusalem,
Sonnet avec la manière de s'en servir Pic de la Maladetta

Ça — préfecture de police
d'autres trois étoiles
Charenton.

Comme il aime à faire
sonner le mot ARMOR

Jamais Cabotin, jamais.

[22]

voyou et byronien. «*Bâtard de Créole et Breton*»

Il est venu à Paris. tirer des bordées. à Montmartre. connaissant des peintres, des cénacles à gloire pas loin du boulevard à l'heure de l'absinthe — des écumeurs, des ruffians et des huissiers. Le sonnet [Paris] dit bien sa fièvre bohème et brave de ces jours-là.

la gloire ?

«— *Voir les planches, et puis mourir !*»

Il faut lire l'amusant boniment de son épitaphe

Rime riche, — jamais rimée ;
Sans avoir été, revenu ;
Se retrouvant partout perdu.

Prenant pour un trait le mot très.
— Ses vers faux furent ses seuls vrais.

Incompris... — surtout de lui-même ;

Son naturel était la pose

Flâneur au large, — à la dérive,
Épave qui jamais n'arrive...

Ci-gît, — cœur sans cœur, mal planté
Trop réussi — comme raté.

les ennuis de la mer (v. P. Loti) avec son chien

manque de tenue —

parfois, mais rarement de ces mauvais alexandrins d'étudiant sous l'influence des vers plaisantins de Boileau, du Lutrin.

vers nuls de la plus basse cuisine

Vous qui ronflez au coin d'une épouse endormie

Mais toujours le mot net — il n'est un autre artiste en vers, plus dégagé que lui du langage poétique. Chez les plus forts vous pouvez glaner des chevilles images soldes poétiques, ici pas une — tout est passé au crible, à l'épreuve de la corde raide.

métier bête — strophes de tout le monde — oublis, réels oublis, dans les alternances des féminines et des masculines, rimes ni riches ni pauvres, insuffisantes et quelconques, et ne se permettant d'ailleurs rien — sauf la paresse, l'inattention prouvant radicalement une incurable indélicatesse d'oreille, — par ex. ces tas d'alexandrins qui sans raison par ci par là n'ont que 11 syllabes.

l'assonance imprévue ne lui est pas invite à musique exotique mais tremplin à coq-à-l'âne.

Il n'est pas artiste

mais on pardonne tout devant des plaintes parfaites et immortelles comme *le poète contumace*

— tout passé au crible ! On peut voir ça dans certaines

pièces. Il écrit le titre, le sujet, le mot-sujet. Et là il se prend la tête, et cogne contre ce mot, l'assaille, et alors c'est une grêle de définitions, de jappements brefs, ainsi dans le *Sommeil* où, en strophes inégales chacune sur une seule et même rime féminine, durant une litanie de 150 vers il le définit, une définition par vers, quelquefois, toujours avec point d'exclamation. C'est étourdissant — c'est de la folie à vide — mettez-vous à sa place. C'est assurément après une de ces parties qu'il a dû se jeter à la mer comme point d'exclamation final.

une lanterne magique montrant sous mille facettes colorées la même lumière qui est au centre — à la façon de Hugo, mais Hugo tourne comme un cyclone large symphonique à son aise, ici c'est un petit albatros.

[23]

a une influence romantique, picaresque dans sa jeunesse — pour le reste dans son volume pas la moindre trace de *parnassien*, de *Baudelairien*

Il a un métier sans intérêt plastique — l'intérêt, l'effet est dans le cinglé, la pointe-sèche, le calembour, la fringance, le haché romantique. Il est à l'étroit dans le vers — il abonde en — en ! en... en parenthèses, — en monosyllabes. — pas un vers à détacher comme beau poétiquement — rien que curieux de formule.

autrefois la rime et la raison était le difficile, — alors

on mettait le mot original dans le corps du vers, et la rime arrivait comme elle pouvait, banale, et le plus souvent cheville, — on passait sur la rime — on tâchait de se tirer de ses rimes, voilà tout.
Ensuite, on réagit contre cette école et toute la révolution se porta sur leur point faible, la rime. Vous allez voir tout le dictionnaire va passer à la rime ! — et en effet. On fit des vers, en ayant l'œil surtout sur le bout des vers, — le reste était oublié — Ce qui fait que les seules idées, les seuls mots personnels, étaient les mots appelés par la rime, — il n'y avait d'effet que dans la rime.

Corbière lui rime, comme ça — *prêter* et *rimer, cousu* et *décousu, maison* et *non, jour* avec *jour* — deux quatrains d'un sonnet faits avec 4 verbes en *ser* et 4 substantifs en *elle*. Un autre sonnet sur deux rimes ! — La rime ne lui est jamais tremplin. les entrelacements de féminines et de masculines — il les bouscule — par paresse — dans une pièce 6 masculines viennent après deux féminines puis la pièce reprend son alterné régulier. — Souvent ses vers ont une syllabe en trop ou en pas assez — Cependant jamais une pièce tout en féminines ou tout en masculines — les mots en *ion* ont tantôt une tantôt deux syllabes — cependant il n'osera jamais faire rimer un singulier avec un pluriel — rien de rythmes voulus, sauf un sonnet renversé [«Le crapaud»].

[24]

Il est trop tiraillé et a trop l'amour de l'ubiquité et des facettes et du papillotant insaisissable et la peur de pouvoir être défini, — pour se laisser aller au long vers musical qui a toute sa valeur en soi — la moitié de son vers est dans l'intonation, le geste et les grimaces du diseur — et alors il s'ingénie dans son texte à multiplier les lignes de points de suspension, de réticence et d'en allé... les tirets d'arrêt, les virgules, les : d'attention ! et doubles points d'exclamation.

tout lui est tremplin... il vit de tremplins. sa logique et son art ont pour devise au petit bonheur des tremplins d'idées ou de mots.

Il voyait trop — Et voir est un aveuglement.

Une pièce où dans l'espace de cinq vers — le mot vers prête à trois calembours. [«A un Juvénal de lait»]

[25]

Son tremplin d'antithèses souvent s'étale naïvement dans la fabrication élémentaire

Car si par erreur, ou par aventure,
Tu ne me trompais (...) je serais trompé !

déjeuner de jeûne — *son épitaphe* est bâti exclusivement sur ces pointes.

D'ailleurs tous ces gongorismes d'antithèse ne sont pas un jeu en l'air — il y a des racines — C'est l'homme qui déclare son amour et qui est dépité si on l'écoute. L'enfant gâté qui ne sait ce qu'il veut, refuse sa soupe parce qu'on la lui prêche, et pleurniche dès qu'on la lui enlève. Qui fuit la société et se lamente qu'on le laisse seul.

Au fond ce sentiment incurable de la déroute de l'absolu et du libre arbitre et de la logique que Hegel a soufflé partout.

La lune reste pour lui la lune des vieilles estampes — romantique — des truands noctambules — Tantale évoquant l'absence d'un écu de 100 sous. — Il n'a pas été empoigné au cœur par les cosmologies modernes, les astres morts, les déserts stellaires sans échos.
bien-aimée vient sous sa plume — Si je mettais mal aimée. C'est cela. C'est une idée.
il gambille, fait des moulinets, fait le borgne, le lépreux, l'amateur, le feu-follet des mares de Bretagne, narguant tous les octrois de la littérature, tous les douaniers de la critique, il croise le long des côtes, le long des corbières, pour l'amour de l'art

Il a peur des ridicules lyrique, apocalyptique, fatal, poitrinaire, hystérique, lunaire, prudhomme, musicaux, sentimentaux, naïfs, etc. — et se pose un peu partout, rature, dit non...

lyrique moi ? jamais et en effet le vers suivant est voyou — moi digne d'être aimé ?
citer voyez : moi, moi voyou ? sans-cœur ! mais mettez donc la main et sentez ! — Et arrivé au refrain naïvard de biniou breton

il veut être indéfinissable, incatalogable, pas être aimé, pas être haï — bref *déclassé* de toutes les latitudes, de toutes les mœurs, en deçà et au-delà des Pyrénées.

Trop réussi — comme raté.

Il ne montre pas qu'il aime tel ou tel poète — Ce serait donner prise — Il raille Millevoye, Moreau, Musset, Lamartine, Baudelaire, Hugo, Murger, Escousse, Gilbert, Lacenaire, Chénier, Byron.

Goncourt (pour l'emporte-pièce des définitions), les *Odes funambulesques* de Th. de Banville comme calembours — mais le tremplin du calembour y est déplacé — il ne vient pas de la rime très-riche — mais au petit bonheur, à propos de bottes — et sans la discipline prosodique de Banville. — calembour — d'images — psychologique :

Après... suis-je donc pas légère
Pour me relever d'un faux pas !

Et... l'on sait amuser, avec une dragée
Haute, un animal ombrageux

J'ai fait des ricochets sur son cœur en tempête

Une femme qu'il appelle rose-mousseuse — le fait ajouter — dans «la mousse... De l'Aï Du Bock»

très-rarement la rime lui fournit l'esprit [illegible] alors c'est toujours le même moule — Un mot poétique à qui l'on donne en rime un mot vulgaire, du pavé — et c'est le drame de deux mots presque homonymes et à mille lieues l'un de l'autre en tant que synonymie, le charme d'être vraiment attiré puis remballé comme une balle

coquelicot et calicot
pastille du sérail et ail
paradis et radis
Espagnole et Batignolles.

il va du tremplin gongoriste des Goncourt au tremplin funambulesque de Banville.

Et gardons à la pomme, jadis verte,
Sa peau, sous son fard de fruit défendu

[26]

Il a pris la fleur de la Bohème — par escapades — rentrant ensuite dans la discipline lointaine — ne conservant de la bohème de Paris qu'une fleur nostalgique — «la malefleurette» dit-il[4]
Des bordées de temps en temps. — la femme un temps de mouillage —

A tout ce qui est oui — il dit non — et le contraire.
Pour être insaisissable et déclassé quand même —
Le myosotis est le n'oubliez pas.

Et les myosotis, ces fleurs d'oubliettes...

dit-il

les bordées à terre : pachas de relâche

Une porte s'ouvrit. C'est la salle allumée

(citer jusqu'à «écume du ragoût».)

[27]

les gens de mer[5]

métier nul, déchiqueté, essoufflé, piétinant, lésiné. mal bourré. — du raconté au pain sec sans envolée ni langueurs.

— *Chantez ! La vie est courte et drôlement cordée !...*

Il n'y a décidément pas trace de réminiscences dans ces poésies — ni sujets, ni métier. Ce n'est pas de l'originalité de quelqu'un revenu des romantiques et des parnassiens successivement — mais du primesaut à la diable. Il a lu, il le dit, il les nomme — on n'en retrouve rien.

Dans son poème sur le douanier garde-côte, il le déguste cet oiseau de mer avec sa poésie au large, faisant ses cent pas, pipe, caban gris-bleu, dunes, horizons, comme il l'aime, et alors comme il l'admire d'être :

Poète trop senti pour être poétique !...

Ce fut l'art de Corbière. Lui pas de couchants, pas de poésie de la mer, pas de ciels, pas de spleens pantoumés — Nous sommes tous poétiques — nous avons beau faire — nous montrons toujours un bout du panache azur — lui n'est pas de chez nous — c'est un insaisissable et boucané corsaire hardi à la course — Il adore le mot contumace, on le lui surprend à plusieurs endroits, quand il veut frapper un coup et tout dire d'un mot — contumace... contumace... vivre par

contumace... poète contumace... artiste de proie...
son suicide (?) pique une tête

Il finit comme ça, simple en sa grande allure,
D'un bloc ; — Un trou dans l'eau, quoi !... pas de fioriture.

[28]

Dans Mirliton une des rares pièces où l'énervement
sans moëlles
décadent
du métier.

partout il a du nerf, — et des détentes de flamberges.

Toujours sec, insaisissable, épave, sans cœur de chic. —

Quand il parle des matelots, bien qu'il s'acharne sur leur rude coque comme on n'en fait plus, leur vie de forbans, le vieux d'autrefois qui mangeait de l'anglais, de lupanar, de goélands, mettant tous les terriens dans le même sac, il devient parfois romance, très-romance, mobile breton.

C'est raconté avec une prodigieuse épuration (Bitor), c'est condensé, ça pétille, tout est à prendre, la rime ne compte pas comme rime, on ne la sent pas. — Il fait de la peine à voir compter ses syllabes, alterner ses distiques par masculines et féminines, scander ses césures — que n'a-t-il fait cela en prose — c'est impossible à chanter, ce texte.

la plus fine, la plus ténue, la plus pure partie comme art. *Rondels pour après* — de fines mauves pâles filigranées d'ironie sur un ton posthume.

Biographie

Mais il fut flottant mon berceau
Fait comme le nid de l'oiseau
Qui couve ses œufs sur la houle…
Mon lit d'amour fut un hamac ;
Et, pour tantôt, j'espère un sac
Lesté d'un bon caillou qui coule.

Dès qu'il est dans ce Paris rêvé, il est mélancolard, il a le mal de mer

Jetant leur solde avec leur trop-plein de tendresse,
A tout vent.

— l'Inconscient. le principe, après l'effort, l'apothéose de la conscience artistique parnassienne se consolant dans des protestations bouddhiques, — le principe en poésie du bégaiement, de l'en allé.

Chez M. Mallarmé contemporain des parnassiens à facture raisonnée et du premier engouement de la poésie faisant de la psychologie descriptive et didactique (Sully-Prudhomme, Bourget), ce n'est pas le bégaiement et l'enfant qui a mal, mais le *Sage qui divague*, — ce n'est jamais une divagation d'images comme dans le rêve et l'extase inconsciente, c'est-à-dire de sentiments exprimés avec l'immédiat de l'enfant qui n'a à sa disposition que le répertoire de ses besoins, mais de la divagation *raisonneuse*. Sa technique est également *raisonnée* consciente et l'on voit souvent qu'elle n'est pas de premier jet.

toujours concret, jamais impalpable.

RIMBAUD

Rimbaud fleur hâtive et absolue sans avant ni après — Jamais de strophes, de facture, de rimes — Tout est dans la richesse inouïe du pouvoir de confession, et l'inépuisable imprévu des images toujours adéquates. Dans ce sens il est le *seul isomère* de Baudelaire.

Ce n'est qu'à la 3e lecture qu'on se dit : tiens, mais ce sont des quatrains quelconques, des rimes platement alternées, les rimes ne sont ni riches ni pauvres — nul effet de césures — nulle combinaison de féminines et de masculines.
le genre somnambule — divagation d'un cœur magnétisé par la paresse, l'été, l'ennui, une digestion copieuse.

On peut hardiment l'avouer.
Une poésie n'est pas un sentiment que l'on communique

tel que conçu avant la plume — Avouons le petit bonheur de la rime, et les déviations occasionnées par les trouvailles, la symphonie imprévue vient escorter le *motif*.

tout comme un peintre est amené là — à ce gris perle à propos de bottes, à ce géranium sans nécessité, de l'humeur de la mise en œuvre de son motif...

Tel le musicien avec ses harmonies qui ont l'air parasites

VICTOR HUGO
LA FIN DE SATAN

L'ennui de ces périodiques pavés roulés du Sinaï coutumier, 350 pages de gros papier, en gros caractères — tout en vers — et cet air — il n'y a pas de raison que ça finisse — l'orgue continue tant que la partition de la matière visible est ouverte à ses yeux de vivant et tant qu'il y a du vent dans les tuyaux. C'est la strophe et le vers et la rime et les césures de *La Légende des siècles*, disciplinés et aisés — et à presque tous les tournants de page, faisant oublier un peu le parasitisme des adjectifs, les tortils des fantaisies techniques des *Chansons des rues et des bois*.

Je me rappelle un mot de M. Mallarmé : Hugo se mettant tous les matins à l'orgue au sortir du lit comme le grand Bach qui entassa partitions sur partitions sans se préoccuper de conséquences autres.

C'est la Bastille, la liberté, et les divagations humanitaires (Quelle corvée !) mais aussi des pièces de restitution (faisant partie de *La Légende des siècles*, toute cette partie intitulée «Jésus-Christ»), qui seront immortelles comme l'Art.

Ça manque de crispation, de méditation sensible.

C'est tout le temps une frise en défilé de visions dans une atmosphère égale et suffocante d'apothéose.

«Le Cantique de Bethphagé» suffirait pour la gloire du poète.

Écoutez un peu parler l'amante :

Elle dormait...
On ne la croit pas femme...

Puis la jeune fille :

Par l'ouverture de ma porte...
S'il savait à quel point...

Lisez toute la restitution de jours où se promenait le Christ — de l'aventure de ce dernier, puis feuilletez les petites mosaïques patientes de *Hérodias, Saint Julien, Saint Antoine* ; voyez comme Flaubert est pénible. Ça va parce que c'est de la prose et que la sienne est encore la seule en ce genre. Mais songez à ces livres mis en vers par un poète équivalent au prosateur Flaubert. Ce serait décidément honorablement pauvre.

Hugo — on se lassait d'entendre appeler Aristide le juste.

NOTES

CHARLES CROS

«Nouvelle édition luxueuse, 3,50 F, chez Tresse, éditeur, place du Théâtre-Français» (note de J.L.). Ce compte rendu a paru dans une petite revue toulousaine, *La Guêpe*, le 21 août 1879. *Le Coffret de santal* avait été publié en 1873 par les presses de l'Imprimerie niçoise. La deuxième édition augmente d'une quarantaine de pièces la première qu'elle réorganise en six sections au lieu de huit. Mais, comme celle-ci, elle n'a rencontré qu'un auditoire confidentiel.

Première publication : J. Laforgue : *Les pages de «La Guêpe»*, texte annoté par J.-L. Debauve, A.-G. Nizet, 1969.

JULES LAFORGUE

Ce texte a paru dans *La République française* du 31 août 1885. Signé X. et longtemps attribué à Théodore Delcassé (que Laforgue eut comme surveillant au lycée de Pau), il a été restitué à son véritable auteur. Laforgue a en effet utilisé cette ancienne relation pour faire connaître la plaquette qu'il publie chez Vanier (voir : «Sur quelques comptes rendus des *Complaintes* et de *L'Imitation de Notre-Dame la Lune, Revue d'Histoire littéraire de la France*, janvier-février 1970).

1. *Les Déliquescences*, poèmes décadents d'Adoré Floupette. Due aux soins de Gabriel Vicaire et de Henri Beauclair, cette parodie a connu deux éditions en 1885 (Lutèce et Vanier : cette dernière est précédée d'une biographie fictive signée Marius Tapora). Elle a connu un succès de scandale et la presse parisienne lui consacre une quarantaine d'articles.

*

Le manuscrit des «Notes sur Baudelaire, Corbière, Mallarmé, Rimbaud» est décrit par F. Ruchon dans *J. Laforgue*, Genève, 1924, p. 263. Il a été déchiffré, classé, paginé et publié par F. Fénéon dans les *Entretiens politiques et littéraires* d'avril et juillet 1891. Faute de pouvoir nous reporter à ce manuscrit, nous reproduisons le texte des *Entretiens* augmenté d'une page inédite que J.-L. Debauve a bien voulu nous confier (notes sur Baudelaire, feuillet 19bis).

BAUDELAIRE

Dans une lettre à G. Kahn de février 1885, J. Laforgue fait allusion à une étude qu'il entreprend, une «contribution au culte de Baudelaire (Charles le Grand)». Pour ce travail il dispose de la troisième édition des *Fleurs du Mal* (Michel Lévy frères, 1868), dite édition posthume, à laquelle renvoient ses références.

Précédée d'une notice de Th. Gautier, complétée par un appendice où figurent plusieurs lettres et articles dus notamment à Sainte-Beuve et Barbey d'Aurevilly, cette édition (où ne figurent pas les «pièces interdites») diffère considérablement de celles d'aujourd'hui, qui reproduisent, en la complétant, la deuxième édition de 1861.

Ces pages sur Baudelaire ont été reproduites et remarquablement annotées par J.A. Hiddleston dans son *Essai sur Laforgue et les «Derniers Vers»*, French Forum Publishers, U.S.A., 1980, p. 113 à 130. Nous avons utilisé les informations de cette édition pour élucider diverses allusions.

1. Les références en chiffres romains de ce feuillet 1 renvoient à l'étude de Baudelaire «Edgar Poe, sa vie, son œuvre», qui précède la traduction des *Histoires extraordinaires*, Michel Lévy frères, 1856.

2. Sainte-Beuve : *Vie, poésies et pensées de Joseph Delorme*, 1829 ; Émile et Antoine Deschamps : *Poésies*, 1841 ; A. Pommier : *Poésies*, 1842.

3. En haut de ce feuillet 3, les mots *Une Salomé moderne*, écrits à l'encre et rayés à la mine de plomb.

4. «Ce singulier kiosque (...) d'une originalité concertée et composite» (Sainte-Beuve, *Le Constitutionnel*, 20 janvier 1862). «Vous créez un frisson nouveau» (lettre de V. Hugo à Baudelaire, 6 octobre 1859).

5. L'édition de 1868 dont dispose J. Laforgue, corrige le texte de Baudelaire : «Son beau corps nu», au lieu de «Sa nudité».

6. Sous le titre «Fragments inédits de Baudelaire», la *Revue internationale* du 25 septembre 1884 (p. 136-139) reproduit des «Fusées» de Baudelaire, textes inédits qu'O. Uzanne vient de faire paraître dans *Le Livre* du 10 septembre. Au verso de ce feuillet 7, Laforgue esquisse un poème d'octobre.

7. «Soyez béni, mon Dieu, qui donnez la souffrance».

8. Pseudonyme de Félix Platel, journaliste au *Figaro*, auteur au style fantaisiste qui a évoqué de nombreux contemporains dans ses *Portraits d'Ignotus*, en 1878.

9. *L'Année terrible*, Prologue, v. 30.

10. Ces rimes se trouvent dans divers passages de *L'Ane*.

11. V. Hugo : *L'Ane*, VI, v. 1388.

12. V. Hugo, *Religions et religion*, Querelle, IV, v. 288-292.

13. Baudelaire : «Edgar Poe, sa vie, son œuvre», *op. cit.*

CORBIÈRE

En avril puis mai 1884, deux publications attirent l'attention sur un poète inconnu : P. Verlaine consacre à T. Corbière la première étude de ses *Poètes maudits*. De son côté, J.-K. Huysmans place *Les Amours jaunes* au rang des *Fêtes galantes* ou d'*Hérodiade* (*A rebours*, ch. XIV).

A cette époque Laforgue a terminé ses *Complaintes* qui ne paraissent qu'en 1885. Le directeur de *Lutèce* qui en rend compte, suppose que ces vers, comme ceux de Corbière, seraient plus intelligibles «si l'on connaissait les circonstances de lieu» (9-16 août 1885). Laforgue lui adresse alors une lettre qui est publiée le 4 octobre dans la même revue. Il s'y défend d'avoir subi une influence : «Corbière a du chic et j'ai de l'humour ; Corbière papillote et je ronronne ; je vis d'une philosophie absolue et non de tics ; je suis bon à tous et non insaisissable de fringance ; je n'ai pas l'amour jaune ; mais blanc et violet gros deuil. Enfin, Corbière ne s'occupe ni de la strophe ni des rimes (sauf comme un tremplin à concetti) et jamais de rythmes, et je m'en suis préoccupé au point d'en apporter de nouvelles et de nouveaux ; j'ai voulu faire de la symphonie et de la mélodie, et Corbière joue de l'éternel crincrin que vous savez.

Ne parlons pas de mes procédés : je ne crois pas à mon obscurité, à mes rébus (...) et je ne suis pas un faiseur : cela en conscience et en inconscience» (à Léo Trézenik, *O.C.*, t. 5, p. 136-137, Mercure de France, 1925). Dans cette même lettre, il annonce qu'il prépare une «étude dévouée» sur l'œuvre de Corbière. Il cesse alors de prendre ses distances et manifeste pour son devancier la plus grande sympathie.

Les notes préparatoires que nous reproduisons, se réfèrent à l'édition originale des *Amours jaunes* de 1873.

1. Eau-forte de l'auteur, qui figure en frontispice de l'édition originale. Cette vignette est reproduite, agrandie, dans Poésie-Gallimard, p. 14.

2. *Les sauts de ta gorge houleuse !...*, «Steam-boat», p. 41.

3. Mary-Grabis, p. 173 ou Mary-Saloppe, p. 170.

4. En réalité dans «Male-Fleurette» (p. 204) l'expression «fleurette-blème» alterne avec «male-fleur».

5. «Gens de mer», titre d'une section des *Amours jaunes*.

STÉPHANE MALLARMÉ / ARTHUR RIMBAUD

Entre avril et juillet 1886, *La Vogue* publie dans ses premiers numéros des poèmes de Rimbaud mêlés aux *Illuminations* ainsi que des poèmes en prose de Mallarmé. On peut dater en toute vraisemblance de cette époque ces ébauches consacrées à deux poètes dont Laforgue commente les œuvres dans une lettre à G. Kahn, secrétaire de *La Vogue* : «Décidément j'aime beaucoup le Raimbaud *(sic)*. C'est crépitant, palpitant, très près de notre chair et en même temps bien loin dans le spéculatif (...) De Mallarmé je n'aime pas le premier poème [''Plainte d'automne''], mais bien le second [''Frisson d'hiver''] où il y a des choses adorables et même défaillantes (...) Le ''Phénomène futur'' est très ingénieux» (23 avril 1886, *Lettres à un ami*, Mercure de France, 1941, p. 177-178).

Première publication : *Entretiens politiques et littéraires*, juillet 1891.

VICTOR HUGO

Ces notes ont été rédigées après la parution en mai 1886 du premier volume d'*Œuvres inédites* de V. Hugo chez Hetzel et Quantin.

Texte revu sur le manuscrit de la collection J.L. Debauve. Première publication : *Mélanges posthumes*, Mercure de France, 1903, p. 130-132.

TABLE

Achevée d'imprimer le 14 avril 1992 par Georges Monti à Cognac, l'édition originale de *Voix magiques* est tirée à sept cents exemplaires : vingt, numérotés, sur vélin pur fil Johannot, et six cent quatre-vingts sur vergé.